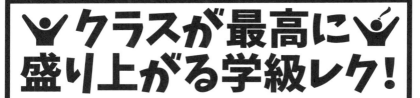

クラスが最高に盛り上がる学級レク！

脱出ゲーム大会

明治図書

樋口万太郎 著

はじめに

　学期末に「お楽しみ会」をする学級は多いことでしょう。実は私はその「お楽しみ会」がそれほど好きな先生ではありませんでした。

　なぜなら「お楽しみ会」と言っている割に，子ども同士でトラブルが起こったり，一部の子たちだけの身内のノリのようになったり，進行がグダグダになったりと「お楽しめない会」になっている会に出会ってきたからです。

　その結果，熱心に取り組んでいる子がいる，おしゃべりをしている子がいる，しらけている子がいるといった教室がバラバラの状態になっていました。

　もちろんそのような会にならないように，担任である私がアドバイスをしたり，サポートをしたりといったフォローができていなかったという事実もあります。

　また，学期の終わりになると，さも当たり前かのように「お楽しみ会をしないといけない」という雰囲気が先生にも子どもたちにもありました。惰性的なところがあるのも事実です。

　ある学校に赴任したとき，「学級通信を書くな」「お楽しみ会をするな」と管理職に言われたことがあります。この管理職の先生方はただ禁止にしたというわけでなく，

　「なぜ取り組むのか」

とその目的を私たち教員に問われたのです。その当時の私はすることが当たり前だと思っていたので，困惑したこと

2

を覚えています。

　このような思い，困惑を持ち続けて数年後。出会ったのが「脱出ゲーム」でした。自分自身が脱出ゲームの体験をして，楽しさを感じ，脱出ゲームを教室に持ち込みたいと思いました。

　ただし，持ち込もうと思った理由は楽しいと思ったからだけではありません。
・どの子も自然と協力しあうことができる
・どの子も考えている
・どの子も参加することができている
・笑顔があふれる
といったことを感じたからです。これが脱出ゲームを行う目的です。

　脱出ゲームを持ち込んだことで，これまでのお楽しみ会の様子が一変しました。どの子も満足する「お楽しみ会」を実現することができるようになったのです。

　そして，当初は考えていなかった子どもの姿がありました。それは，**自分たちで問題を作成し，脱出ゲームを運営し始めるという自立した子どもの姿が見られ始めた**のです。

　本書は，これまでに使用した問題だけでなく，脱出ゲームの作り方について説明していきます。

　あなたの学級で脱出ゲームを始めてみませんか。
2024年9月

樋口万太郎

CONTENTS

はじめに　2

第1章　脱出ゲームとは？

1. 脱出ゲームを行おうと考えた私の思い …………… 8
2. 実際に脱出ゲームをやってみよう …………… 10
3. 問題の解説 …………… 16
4. 違う脱出ゲームに挑戦しよう …………… 21

第2章　脱出ゲームを作る3つのステップ

(1) 教室内？学校内？フレームを決めよう …………… 26
(2) 3つの順番で内容を決める …………… 28
(3) **STEP1**　答えを設定する …………… 29
(4) **STEP2**　ストーリーを作る …………… 32
(5) **STEP3**　答えを元に問題を作成する …………… 39
(6) 番外編～ヒントカードの取り扱い …………… 41
(7) 番外編～気になること …………… 43
(8) 子どもたちに話す最初の話 …………… 45
(9) 子どもたちが企画・運営をするようになるには …… 47

第3章 子どもをワクワクさせる！問題の作り方

1. 答えを変身させる ……………………………………………… 52
2. １段階目の変身方法 …………………………………………… 53
3. ２段階目の変身方法 …………………………………………… 55
4. A　連想するものに変身 ……………………………………… 56
5. B　分解し，入れ替える ……………………………………… 60
6. C　順番で表す ………………………………………………… 62
7. D　表に変身 …………………………………………………… 64
8. E　指示を追加する …………………………………………… 70
9. F　ポケベル変身 ……………………………………………… 74
10. G　イラストに変身 …………………………………………… 76

第4章 クラスが最高に盛り上がる！脱出ゲーム

脱出ゲームの使い方 ……………………………………………… 78
❶学校のどこ？問題①　79／❷学校のどこ？問題②　80
❸学校のどこ？問題③　81／❹学校のどこ？問題④　82
❺学校のどこ？問題⑤　83／❻学校のどこ？問題⑥　84
❼学校のどこ？問題⑦　85／❽学校のどこ？問題⑧　86
❾学校のどこ？問題⑨　87／❿学校のどこ？問題⑩　88
⓫学校のどこ？問題⑪　89／⓬学校のどこ？問題⑫　90

CONTENTS　5

⓭学校のどこ？問題⓭　91／⓮学校のどこ？問題⓮　92

⓯クイズ問題①　93　　／⓰クイズ問題②　94

⓱クイズ問題③　95　　／⓲クイズ問題④　96

⓳クイズ問題⑤　97　　／⓴クイズ問題⑥　98

㉑クイズ問題⑦　99　　／㉒クイズ問題⑧　100

㉓クイズ問題⑨　101　　／㉔クイズ問題⑩　102

㉕クイズ問題⑪　103　　／㉖クイズ問題⑫　104

㉗クイズ問題⑬　105　　／㉘クイズ問題⑭　106

㉙クイズ問題⑮　107　　／㉚クイズ問題⑯　108

㉛クイズ問題⑰　109　　／㉜クイズ問題⑱　110

おわりに　　111

第1章

脱出ゲームとは？

1 脱出ゲームを行おうと考えた私の思い

みなさんは脱出ゲームを知っていますか。
脱出ゲームとは,

脱出ゲーム（だっしゅつゲーム）は，アドベンチャーゲームの一種であり，閉鎖された環境（室内や建物など）に閉じ込められた状況から脱出することを目的とする
(https://ja.wikipedia.org/wiki/%E8%84%B1%E5%87%BA%E3%82%B2%E3%83%BC%E3%83%A0　より引用)

ゲームです。リアル開催だけでなく，ネットゲームのような形のものもあったりします。私はリアル開催に数回行ったことがあります。

　初めて参加したときに，なんて面白いんだ！　これは学級で取り入れると盛り上がるぞ！　と思ったのが，教室に脱出ゲームを持ち込もうと考えたきっかけでした。

　初めてリアルの脱出ゲームに参加したとき，グループの半分以上が初対面の人たちでした。最初は一緒に取り組めるかな～と心配していましたが，いつの間にか熱中している自分がいました。

　もちろん，実際の本格的な脱出ゲームを学校で行うことはできません。規模も問題も環境も違います。ですから,

脱出ゲーム風というコンセプトで行なっています。

　この脱出ゲームは，学期終わりに行うことが多いです。お楽しみ会の代わりに，この脱出ゲームを行なっていました。

　「はじめに」にも書いていますが，私は「お楽しみ会」と言っている割に，子ども同士でトラブルが起こったり，身内のノリのようになったり，進行がグダグダになったりと「お楽しめない会」になっている会に多く出会ってきました。

　そのため，私は「お楽しみ会」が嫌いでしたし，あまりしようとも思ってきませんでした。

　しかし，脱出ゲームを行なってからは子どもたちの様子も一変し，私自身もとても楽しくなったのです。

　そういった脱出ゲームをしていく中で，嬉しい誤算がありました。

　それは，脱出ゲームをしたすべての学年で，

　子どもたちが脱出ゲームの問題を作成し，当日も運営をしていく

という自立的な行動が起こったのです。１年生クラスで行なったときも，１年生の子どもたちも自分たちで考え，運営をしていました。最高学年の６年生の子どもたちが運営するときでも，私がサポートをすることは多いです。それでも，問題も自分たちで用意していたことには，とても感心しました。本書で紹介している脱出ゲームの作り方をそのまま子どもたちに伝えても参考になるでしょう。

第１章　脱出ゲームとは？　9

2 実際に脱出ゲームをやってみよう

　まずは,実際にクラスで行なった脱出ゲームを紹介します。解答者として考えてみてください。考えていくことで,こんな風に脱出ゲームをしていくのかという感覚を掴むことができるでしょう。
　実際に子どもたちと脱出ゲームをするときは,

基本ルール
・3〜4人1組のチーム戦
・制限時間内にクリアできれば脱出成功
・ヒントは2回まで
・教室を移動をするときは走らず,大声を出さない!
・○○時△△分までに教室に戻ってくる

といったルールを子どもたちに提示しています。
　この脱出ゲームは教室内で完結させることはあまり推奨しません。教室外でダイナミックに取り組んでいくことも,この脱出ゲームの楽しさです。
　何より狭い教室内で行うと,答えが他のチームにすぐにバレてしまい,面白さが半減する恐れや「こっちの答えを見たよね」といったトラブルが発生する恐れがあるのです。

脱出ゲームの時間配分は，

最初の5分間：ルール説明
30分間：脱出ゲーム
残り10分間：問題の解説や予備の時間

というように45分間で構成しています。そのために，○○時△△分までに教室に戻ってくるという指示が必要になってきます。
　それでは，以下より出題していきます（パターン１）。実際に教室移動はできませんが，お付き合いください。

ここに次の問題がある・・・

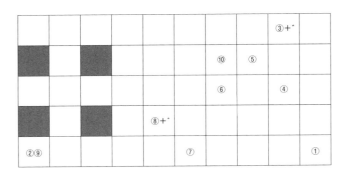

第1章　脱出ゲームとは？　11

 2問目

カエルが穴に落ちました。
7mの穴です。
カエルは1日3m上がることができますが、その後2m下がってしまいます。
何日目に脱出できますか。
日数を先生に言ってください。

(下の空きスペースに書きながら考えてください)

ここにいけ！

（下の空きスペースに書きながら考えてください）

第1章　脱出ゲームとは？　13

この人に「問題ちょうだい！」と言え

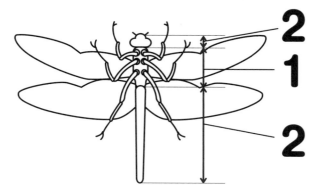

（下の空きスペースに書きながら考えてください）

 5問目

ラスト問題・・・

ゲに　ショクべる
シュのあるセキい
ショクベブツ　はなに？

樋口先生に言いにきましょう

（下の空きスペースに書きながら考えてください）

　この5問を解決すると，脱出成功になります。さて，みなさんは脱出成功したでしょうか。

問題の解説

　それではこのページからは，それぞれの問題の解説をしていきます。

　1問目は表になっています。この表は**「ひらがな表」**になっています。①から⑩までの順番ごとに読んでいくと，次の問題のある場所になります。

　③と⑧のところは，＋゛が付いています。③のところは「か」です。その「か」に゛を付け加えると，「が」になるというわけです。

わ	ら	や	ま	は	な	た	さ	③+゛か	あ
	り		み	ひ	に	⑩ち	⑤し	き	い
を	る	ゆ	む	ふ	ぬ	⑥つ	す	④く	う
	れ		め	⑧+゛へ	ね	て	せ	け	え
②⑨ん	ろ	よ	も	ほ	⑦の	と	そ	こ	①お

　このルールで①から10までの文字をつなげると，

　　　　　「おんがくしつのべんち」

になります。子どもたちは音楽室に行くことになります。当時勤めていた学校では，音楽室の前にベンチがありました。そのベンチの下に次の問題を貼っていました。

2問目のこの問題は有名な問題です。知っていた方も多いことでしょう。1日に進む高さで7mを割って……

3−2=1　7÷1=7

7日間という誤答が多いです。あてずっぽうで答えを言う子がいたときには、理由を聞いても良いです。正しくは

1日目のおわり，1m

2日目のおわり，2m

3日目のおわり，3m

4日目のおわり，4m

5日目の朝は5m＋3m＝8mとなり，7mを超えます。そのため，5日目の朝に脱出することができるということです。

ですから，答えは5日目になります。

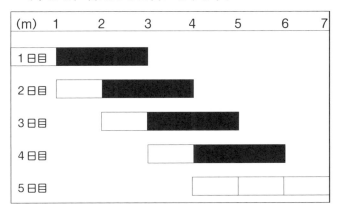

なかなか正答に辿りつかないチームには，

「図にかいてごらん」

などとヒントを与えるようにしています。

第1章　脱出ゲームとは？　17

3問目は社会で学習する地図記号です。その地図記号の下にある数字は，地図記号の何番目の文字（ひらがな）かを表しています。それをつなげると答えになります。
　この問題の出し方は私の脱出ゲームではよく使います（4問目もこのルールです）。

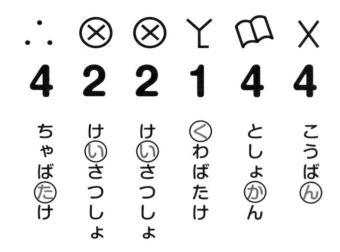

答えは，
　　　　　　「たいいくかん」
になります。次の問題は，体育館にあるということになります。
　わからないことはタブレット端末で検索しても良いということにしています（クイズの答えは検索しないでねと伝えているときもあります）。

4問目は，昆虫のそれぞれの部位の何番目の文字（ひらがな）かを表しており，それをつなげると答えになります。

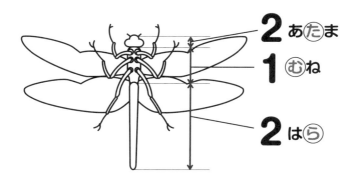

答えは

　　　　　　　「たむら」

になります。

　このとき，学校に田村先生という方がいました。事前に田村先生に，子どもたちが来たら次の問題を渡してくださいとお願いをしていました。

　子どもたちは職員室に行ったり，専科の教室に行ったりして，田村先生を探していました。

　5問目はこれまでの問題で一番難しい問題です。実際に子どもたちは苦戦をしていました。

　これはある漢字を訓読みするところを音読みに変えて作っている文になります。この問題を訓読みに戻すと，次のようになります。

第1章　脱出ゲームとは？　19

ラスト問題・・・

夏に　食べる
種のある赤い
食べ物　はなに？

先生に言いましょう

答えは

「スイカ」

になります。この答えを先生に言うと，脱出成功になります。

　この脱出ゲームは，３年生のクラスで行いました。３，４，５問目は３年生の学習になります。こういった脱出ゲームは学期末に行うので，その学期で学習したことを問題に入れていきます。そのため，その教科の復習を行うこともできます。

　暗黙のルールでこういったことを行っておくと，子どもたちはタブレット端末ではなく，教科書やノートを開き，ヒントを探すようになります。

　次章では，脱出ゲームの作り方について説明していきます。その前に，もう１つ脱出ゲームを紹介します。

違う脱出ゲームに挑戦しよう

Q 1問目

この場所へ行け

21 44 12 21 32 43

Q 2問目

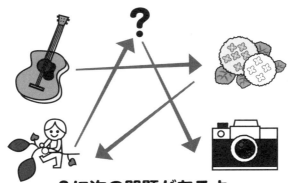

？に次の問題があるよ

 3問目

か2あ2ら5＋あ1あ5

のものを先生に渡そう！

Q 4問目

左を見ながら先生に3回
言おう

仏竹刈准

（下の空きスペースに書きながら考えてください）

【１問目～４問目の答え】

　１問目，２つの数字が１つのかたまりになっています。例えば「○△」のとき，○はあ行，か行，さ行…と行の何番目，△は母音の何番目かを表しています。

　21の２はか行，１は母音の１番目であるため「か」になります。同じルールで変換をしていくと…

21→か　44→て　12→い　21→か　32→し　43→つ

「かていかしつ」

が答えになります。次の問題は家庭科室にあります。

　２問目はしりとりになっています。

ぎたぁ　→　あじさい　→　いもほり　→　？　→カメラ

となります。そのため，？はいもほ「り」と「カ」メラをあわせて，

「りか」

が答えになります。次の問題は理科室にあります。

　３問目は１問目と同じルールです

か２→き　あ２→い　ら５→　ろ

あ１→あ　あ５→お

　ただこの問題，＋があります。

　黄色　と　青　をまぜると　緑色　になります。

　だから，「緑色のもの」を先生に持っていると，最後の問題が渡されます。

　４問目は左を見ろと書いてあるので，各漢字の左の部分に注目して，「イケメン」と先生に言えば，脱出成功になります。

第１章　脱出ゲームとは？　23

第2章

脱出ゲームを作る3つのステップ

教室内？学校内？ フレームを決めよう

　実際の脱出ゲームには，
「海賊船からの脱出」
「秘密の研究所からの脱出」
といったようにそれぞれの脱出ゲームにそれぞれのテーマがあります。
　そのテーマによってストーリーが作られたり，プレイヤーがなぜその場所から脱出しなければならないのかといった動機が決まってきます。
　しかし，私が行なっている脱出ゲームのテーマは，
　　　　　　　　「学校からの脱出」
という統一したテーマで行っています。
　学校に閉じ込められたみんなが謎解きをしていき，学校から脱出をしよう
という設定で行っています。もし時間に余裕がある場合は様々な設定でも良いとは思いますが，みなさんもこのテーマで考えていきましょう。
　次に考えることは，

　　　　　①教室内で行うのか　　②学校内で行うのか

という2択から選択し，脱出ゲームの大きなフレームを決

定します。

②学校内というのはこれまでに出題した問題からわかるように，理科室，音楽室，運動場，体育館などの教室以外の場所を使うということです。

（校舎裏など安全とは言えない場所は使用しないようにします）

①教室内で行う場合は，どうしても狭い空間になってしまいます。そのため，子どもたちは他の子の声や会話が聞こえてきます。

ヒントになるような言葉や答えそのものが聞こえてくることで，「○○ちゃんが聞いた」「○○ちゃんに聞かれた」といったトラブルが起こってしまいがちです。

また，どこかに問題を隠していたとしても，問題を解いていない子どもにも，他の子の動きで隠している場所が発見されてしまいます。これでは，楽しさが半減されてしまいます。

もし教室で行うのであれば，個人戦もしくは２人１組にして，問題を提示し，答えを司会者に言い，正解であれば，次の問題をもらえるというパターンにしましょう。

基本的には子どもたちはずっと教室にいることが日常です。教室から飛び出すことを非日常のように感じることでより楽しく感じる子もいるでしょう。

ですから，オススメは②の学校内で行うことです。

第２章　脱出ゲームを作る３つのステップ　27

３つの順番で内容を決める

大きなフレームを決めることができました。次はフレーム内の内容を決めていきます。

内容を決めるときには，下の３つの順番で考えていきます。

①答えを設定する
②ストーリーを作る
③答えを元に問題を作成する

という３つです。

「え！？　たったこれだけ！？」と思われたかもしれませんが，これだけなんです。それほど難しいものではありません。だから，子どもたち自身で脱出ゲームを作ることができるのです。

最初に問題ではなく，答えを考えます。そのときは

答えとストーリーを同時並行で作っていく

イメージを持ってください。その上で，その答えにあった，そのストーリーにあった問題になるように問題を作っていきます。このあとにも書いていますが，最初は，問題をネットで検索したり，本で調べたりして既存のクイズ等を使用しても構いません。

答えを設定する
—2つのパターン

　3つの順番のうちの1つ目「答えを設定する」についてです。

　私が脱出ゲームで使用する問題の答えには

①次の問題がある場所への指示になるような答え
②普通のクイズの答え

の2つのパターンに分けることができます

　①の答えのパターンの問題とは，例えば次のような問題です。

```
次の問題はここにある

92　21　32　43
```

　21ページの1問目と同じルールです。答えは，「理科室」になります。理科室に行くと，次の問題があるといった次の問題の在処を示す指示となっている問題です。

　「理科室」が答えとなる問題はネットで検索しても，クイズ本から探してもなかなか見つかりません。ですから，この①のパターンの問題は自分で作成することが多いです。

②の答えのパターンの問題は，次の問題がある場所への指示になっていない答えということです。このパターンの問題は，答えが学校内の場所に限られないため，ネットやクイズの本から引用してきた問題を使うことができます（本書の問題例をそのまま使うこともできます）。水平思考問題などの普通に頭を使うような問題や，ひっかけ問題なども使用できます。

　また，実は②の答えになる問題でも①のように次の問題がある場所へ誘導する問題へと変えることができます。そのために，下のようなスライドを用意しておきます。

　時間がないので，問題を自分で作るのはちょっと…という場合は，ネットやクイズ本から選んだ問題をスライドの上に載せるだけで脱出ゲームの問題になります。

先生に言いにきましょう

例えば，次のような問題です。

　このようにすることで，
　　　　　先生に正しい答えを言うと，
・先生から新しい問題が書かれたプリントをもらう
・「次の問題がある場所は音楽室だ」と先生が言う
といった
　　　　　次の問題への指示をもらう
ことができます。もちろん間違えている場合は，間違っていることを伝えて，考え直させます。
　私は，自分で問題を作ることには限界があるため，①と②のパターンの答えとなる問題を，
　　　　1回の脱出ゲームの中でどちらも登場させる
ようにしています。

ストーリーを作る

　３つの順番のうちの２つ目「ストーリーを作る」についてです。

　ChatGPT4で,「脱出ゲームのストーリーを考えてください」と指示をしたところ,以下のような回答がありました。

タイトル：時間の迷宮（The Labyrinth of Time）

背景

プレイヤーは,世界的に有名な考古学者の助手として,古代文明の失われた都市の発掘調査に参加しています。ある日,調査中に不思議な遺物を発見し,それを手に取った瞬間,プレイヤーは突然光に包まれ,気がつくと見知らぬ場所に立っていました。この場所は,時間と空間が交差する神秘的な迷宮であり,古代文明の最大の秘密を守っています。プレイヤーは元の世界に戻るため,そして迷宮が守る秘密を解き明かすために,様々な時代と場所を巡る冒険に出ることになります。

目的

様々な時代の部屋を探索し,謎を解いて迷宮を進む。
古代文明の秘密を解き明かし,迷宮の中心にある「時間の核」を見つけ出す。

時間の核を使って元の時代に戻る方法を見つける。

謎解き要素

古代の遺物や文献を手掛かりに，各部屋に隠された謎を解いていく。

時間を操る力を持つ特別なアイテムを使い，過去と未来を行き来しながら謎を解く。

異なる文明の技術や伝承を理解し，それらを駆使して障害を乗り越える。

特徴

プレイヤーは，古代エジプト，中世ヨーロッパ，江戸時代の日本など，様々な時代と場所を探索します。

各時代には特有の謎があり，その時代の文化や技術を理解することが謎解きの鍵となります。

時間の流れを操ることで変化する環境や状況を利用して，新たな道を開くことができます。

　とても立派なエピソードです。各時代に関する問題を各部屋に用意するのでしょう。問題を解決するための古代の遺物や文献などを用意する必要があるのでしょう。

　しかし，私が提案している脱出ゲームは，テーマと同様に，

・**ストーリを練る必要がない**

・**ストーリーを簡単に決定することができる**

・**ストーリーの大枠は決まっている**

という特徴があります。

第2章　脱出ゲームを作る3つのステップ　33

では，どのようにストーリーを作っていくのでしょうか。
45分で行う脱出ゲームは４，５問が適切な問題数です。

この４，５問の問題提示にストーリーを持たせる

ということです。

もう少し詳しく言うと，

A　次の問題は人物に答えを言うともらえるのか
B　次の問題は指定された場所に行くとあるのか

を決めるということです。全部の問題でAかBかを決めて
いくのです。これだけです。そんなに難しくないと思いま
せんか。

このストーリーですが，

１問目は教室で全体提示する

ということで固定します。全員で同じ場所からスタートす
るためです。

そして，

最後の問題は教室にいる先生に答えを言う

ということで固定します。最終問題をBの指定された場所
にしていると，その場所に先生が待機しなければいけませ
ん。そのため，答えがバレてしまう恐れがあります。そし
て，全員が脱出するまで先に脱出成功したグループを見て
おく必要もあるので，教室に戻ってきてもらうようにしま
しょう。

これらをまとめたのが，次のページの表になります。

	場所	問題	答え	次の問題は？
1問目	教室			A 人物に答えをもらえる B 指定された場所に行くとある
2問目				A 人物に答えをもらえる B 指定された場所に行くとある
3問目				A 人物に答えをもらえる B 指定された場所に行くとある
4問目				A 人物に答えをもらえる B 指定された場所に行くとある
5問目				教室の先生に答えを言うと 脱出成功

※印刷してお使いください。

11〜15ページの脱出ゲームを考えたときは，下の表のようになりました。

	場所	問題	答え	次の問題は？
1問目	教室		音楽室のベンチ	A　人物に答えるともらえる (B　指定された場所に行くとある)
2問目	音楽室のベンチ		5	(A　人物に答えるともらえる) B　指定された場所に行くとある
3問目	教室		体育館	A　人物に答えるともらえる (B　指定された場所に行くとある)
4問目	体育館		田村	(A　人物に答えるともらえる) B　指定された場所に行くとある
5問目	教室			脱出成功

これができると，ストーリーの完成です。

本書では子どもたちが脱出ゲームを作ることを提案しています。子どもたちが脱出ゲームを作るときにはこの表を渡し，各項目を埋めさせるようにします。この表が埋まったときには，脱出ゲームが完成していることになります。

答えとなる学校の場所は，以下のようなところが考えられます。

・家庭科室　・理科室　・図工室　・コンピュータ室
・図書館　　・運動場　・体育館　・保健室
・給食室　　・校長室　・各学年の教室

これらの場所は，違う学級が利用している場合には中に
入ることができません。そのときには，中に入らず入口付
近の壁に次の問題を貼ったりしておきます。

　それぞれの場所に次の問題を貼ることになります。机の
中や椅子の裏などに貼ることもあります。準備は

子どもがいない放課後や朝早くの時間

にしておきます。

　私は，

その時間に利用していない場所を探しておく

ことを事前にしておきます。どうしても声が出てしまうの
が脱出ゲームです。こういった配慮やトラブル予防をして
おくことも大切です。

　人物に答えを伝えると次の問題をもらえるパターンは，
担任の先生以外ではあまりしないようにします。先生方は
それぞれの仕事があり忙しいからです。

　しかし，例えば校長室の場合は校長先生にお願いをして
おき，脱出ゲームに協力してもらうというのも一つの手で
す。校長室に入れてもらうことも子どもたちには非日常の
経験になります。

　それぞれの教室の中に入れる場合には，

　例えば，

・図書館の場合は，ある特定の本のところ

・理科室の場合は，ある器具の置き場

・運動場の場合は，ある遊具
・保健室の場合は，ベッドのところ
といったようにより細かい場所に設定することもできます。
　場所に向かう問題を続ける場合，
・運動場の倉庫　→　運動場の鉄棒
・３階音楽室　→　３階図書館
といった近い場所が続かないようにしておきます。近い場
所にすると，問題を考えなくても，先に解けた子の動きで
次の問題の場所がバレてしまいます。
　場所そのままではなく，その場所を匂わせるような答え
になっているパターンも考えられます。
　例えば，

楽器がたくさんある部屋　→　音楽室
実験器具　→　理科室
ボール　→　体育館
グルグル回るところ　→　運動場（鉄棒）
本がたくさんある　→　図書館

といったようにです。
　これは少しレベルアップバージョンの問題です。

5 STEP 3 答えを元に問題を作成する

　ここまで考えたら，いよいよ問題を作っていきます。29ページで，脱出ゲームで使用する問題の答えには
①次の問題がある場所への指示になるような答え
②普通のクイズの答え
の2種類があると書きましたが，①の次の問題がある場所への指示になるような答えを作るために，問題を作っていきます。ここでは，②の場合は作りません。問題の詳しい作り方は第3章を見てください。

　問題は
・頭を使うような問題
・教科に関係する問題
のどちらかになるように気をつけています。

　基本的には，

　　○，×で答えるような二者択一の問題は出題しない
ことにしています。

　22ページで提示した問題を子どもたちに提示をしたときは，以下のような選択肢で出題をしました。

```
か2あ2ら5　＋　あ1あ5

①緑色　②赤色　③黄色　④青色
```

第2章　脱出ゲームを作る3つのステップ　39

この問題を出題したあと，「この問題，面白くなかった」と子どもたちから言われました。その理由を聞いてみると，選択肢が色になっているため，上の問題が色を表しているというヒントになってしまい，面白くなかったというのです。

ヒントは，

子どもたちが欲しいと思ったときに与える

のが有効です。欲しいと思わないときに与えても，子どもたちにとってはありがた迷惑です（ヒントについては41ページに書いています）。

こういった子どもの話を聞いてから，基本的には

選択肢がある問題は出題しない

ようにしています。基本的には，としたのは，とても難しい問題のときは選択肢をつけても良いからです。

そして，可能であれば，学年の教科に関する問題になることを目指します。前ページの問題は

か2あ2ろ5　⇨　あ1あ5　⇨　きいろ＋あお

さらにこの2色を混ぜると緑色になるといった「図工」の学習になります。少し強引かもしれませんが…。

13〜15ページの問題も3年生の学習内容を使った問題になっています。

教科に関する問題にすることで，学習の振り返りを行うことができます。また，問題を作成するときにも，どのような学習に取り組んだのかを子どもたちが自然と振り返る場になります。

6 ヒントカードの取り扱い

番外編

　問題を考えていくと，必ずしもスラスラ解くことができないときがあります。そういったときに，ヒントをもらうことができるシステムも作っておくことで，より楽しく取り組むことができるようになります。

　ただし，いつでもヒントをもらえるということになると，子どもたちが悩み続ける機会が減ります。

　そこで，

　　　　　　ヒントは１チーム２回まで

といった制限をつけておきます。

　このとき，ただヒントを与えるのではなく，

「詩をみんなで音読をする」

「計算問題をみんなで50問する」

「（外の場合）なわとびを100回とぶ」

「先生をイケメンと言う」

「一発ギャグを言う」

といったように，

　　　○○をすると，ヒントをもらうことができる

というような条件を設定しても盛り上がります。

　（下２つは少しふざけているような指令になります。こういった指令を入れておくと，より盛り上がります。ちなみに私は「イケメン」という答えをよく入れていました）

第２章　脱出ゲームを作る３つのステップ　41

このとき，みんなで○○回達成するといったように，個人ではなくみんなで取り組むところにポイントがあります。

　人それぞれ，苦手なことはあります。計算が苦手な子もいます。苦手な子の分を違う子がカバーをする，そんな場面を自然と作ることができます。仲良くなるきっかけにもなります。

　ヒントカードがあったとしても，問題を解決することができないということもあります。脱出ゲームの問題の特性上，答えがわからないと次に進むことができません。1問目でその時間が終わってしまっては，脱出ゲームを嫌いになってしまいます。

　そういったときのために，

○○分を超えると答えを伝える

というようにリミットを設けておきます。特に

1問目を始めてから10分

（2問目以降はしなくても構いません）

といったように全くゲームに参加できないことがないよう，スタートからのリミットは決めるようにしています。

　教室にいるグループには，直接言います。教室外のときには，

タブレット端末で答えを送信する

ようにします。

7 気になること

番外編

ゲームを運営していくときに，気になることを書いてお
きます。

学校全体で脱出ゲームに取り組むときは，授業中になる
ため，

「他の学級の迷惑になるぐらい騒いではダメ」
という話はしておきます。

この脱出ゲーム，完全に無言で取り組むことはできませ
ん。問題が解けたときの「やったー」と言う声，問題を考
えているときの相談している声，次の問題を見つけたとき
の「見つけた〜！」という声はどうしても漏れてしまいま
す。ですから，

「声のボリュームを下げておこう」
と伝えておくことが大事です。全くの無言で取り組ませよ
うとすると，楽しさが失われます。

また，前日の職員打ち合わせのときなどに，

「学校全体でゲームをします。騒がしくしないようには
伝えますが，もし騒がしくなったときにはすみません」
と伝えておくと良いでしょう。

伝えておかないと，

「なぜ，こんなところで遊んでいるんだ！」

「授業中なのに抜け出してきたのか！」

第2章　脱出ゲームを作る3つのステップ　43

と違う先生から指導されてしまう可能性があります。そうなってしまっては，子どものテンションがとにかく下がってしまいます。そうなることも防ぐことができます。

　安全面についても考えておく必要があります。何かトラブルがあったとき，怪我があったとき，その責任は先生にあります（とはいっても，子どもたち同士のトラブルになったことはそれほど多くありません）。

　そういった問題が起きないように，子どもたちがどこにいるのかを把握しておく必要があります。

　そこで使えるのが，タブレット端末です。

「○時△△分には，どこにいる」ということをタブレット端末上で送信する

ようにルールを決めておきます。グループの代表1人で構いません。これで各グループの場所を把握できます。

　また，先生自身も教室にずっといる必要はないため，学校中を動き回って，子どもたちの様子を見るようにしておきます。

　時々，子どもたち同士がはぐれてしまうことがあります。そういったときは，

集合場所を教室

に指定しておきます。そうすることで，待ち合わせを行うことができます。

8 子どもたちに話す最初の話

　ここまでできると、あとは実際に脱出ゲームを行なっていくだけです。

　脱出ゲームを行うときは以下のように話をしています。

　今日は脱出ゲームを行います。
　脱出ゲームというのは、謎を解いてその空間から脱出するというゲームです。

　今、みなさんは学校に閉じ込められました。
　謎を解いて、学校を脱出してください。
　時間内に脱出できないと、脱出失敗になります。

　（次のページにある基本ルールについて話をします。基本ルールをタブレット端末に送信しておくのも有効です。なぜならこのときにはテンションが上がって、話を聞いていない子どもがたくさんいるからです）

　それでは、1問目です。
　1問目はこれです。
　（問題を提示、スタート）

【基本ルール】

・3～4人１組のチーム戦
　（教室の班などを指定してください）

・制限時間内にクリアできれば脱出成功
　（チャイムが鳴るまでを目安にすればわかりやすい
　でしょう）

・ヒントは２回まで
　いつヒントをもらうのかはチームで相談しましょう。
　ヒントは他のチームには言ってはいけません。

・教室を移動をするときは走らず，大声を出さないよ
　うにしましょう。

・○○分おきに，「□□にいる」ということをタブレ
　ット端末で送信しましょう。
　（送らないと失格になります。時間は遅れても構い
　ません）

・○○時△△分までに教室に戻ってきましょう。

・先生は○○時△△分からは校舎を歩き回ります。何
　かあったらすぐにタブレット端末からメッセージを
　ください。

子どもたちが企画・運営をするようになるには

脱出ゲームを一度行うと,
「楽しかった〜,またしてみたい!」
という声が必ず上がります。
その声がチャンスです! 逃してはいけません!
この声が聞こえてきたときに,

「楽しいと思ってくれてとても嬉しいです。先生も次の脱出ゲームを考えるけど,誰か脱出ゲームを企画してくれないかな?」

と,全体にすかさず言います。さりげなく,脱出ゲームの運営側にスカウトするのです。

クイズ番組やクイズの本を見ている子どもたちにとって,私の脱出ゲームの作り方には難しさを感じないのか,作ってみたいという子が現れます。

「やりたい!」と挙手をした子がいればよいのですが,挙手しようか迷っている子しかいない場合もあります。そういう場合には,

「迷っている子もいるね。もちろん丸投げではなく,先生も一緒に作るからやってみませんか」

と誘います。これまでの樋口学級で,全くしたくないとい

第2章 脱出ゲームを作る3つのステップ 47

う子はいませんでした。

　第2章で紹介してきたパッケージがあるため，子どもたち自身で脱出ゲームを作ることができます。子どもたちに運営をさせるときには，

本書の第2章，第3章を子どもに見せる

ということをしても良いでしょう。実際に，私は子どもたちにとって何かのヒントになるように，

・田中一広『テンプレート式　脱出ゲームの作り方』総合科学出版，2018
・岡田光未『授業がもっと楽しくなる！　算数ナゾ解き＆脱出ゲーム』明治図書，2022
・ＳＣＲＡＰ「５分間リアル脱出ゲーム」シリーズ，ＳＣＲＡＰ出版

といった本を学級文庫に置いていました。他にも，以下のようなサイトを紹介していました。

○ハルの謎解き BLOG「謎解きの作り方」
　https://harunazo.com/howto/

○謎解き練習問題 .com
　https:// 謎解き練習問題 .com

○ナゾトキアドベンチャー「謎解き練習問題」
　https://nazoad.com/practice/

○なぞまっぷ
　https://www.nazomap.com

　子どもたちが作り出す脱出ゲームは，最初は未熟なところもあります。ですから，実際に，子どもプロデュースの脱出ゲームを行うときには，

・初めての挑戦なので，問題に対してマイナスな発言をしてほしくないこと
・自分たちで企画し，運営していることが何よりすごいこと

を必ず話します。別にお世辞を言う必要はありません。**マイナスな内容でも，次につながるような発言であれば良い**

のです。ですが，全くの否定的な反応があれば，もう子どもたちは企画はしてくれません。

　このように伝えておくと，子どもたちは「楽しかった」「またしてほしい！」「あの問題は難しかった」といった評価をしてくれます。「もっとこうしたほうがいいんじゃない？」といったアイデアも言ってくれます。そういった評価が自信になるのか，自分たちで企画運営することに自信を持つようになります。

また，企画運営をした子たちを集めて，簡単に振り返りをすることも次につながります。

　何度も企画運営していく中で，私より上手に脱出ゲームを企画運営したり，新たなアイデアを提案したりしてくれるようになりました。肌感覚ですが，子どもたちが企画運営すると，私が企画運営した脱出ゲームをしているときよりも楽しそうに見えます。

　任せるとは言うものの，実際に脱出ゲームをする前には，
・どのような問題を提示するのか
・どのようなストーリーで行うのか
を必ず確認する
ようにしていました。時には，その問題を修正するように指示をしたり，問題数やストーリーにアドバイスをしたりすることもありました。確認しないのは，単なるほったらかしの状態です。それではダメです。

　実際に始まったときには，完全に裏方としてサポートをしていきます。始まったあとは問題やストーリーに対しては何も言いません。

　本書で紹介している問題には，元樋口学級の子どもたちが作った問題もあります。このときの学級は，月に1回脱出ゲームをしていました。しかも，企画運営するチームが複数あるような状態でした。

　子どもたちの様子を見ていると，最初は本やネットの問題を引用していましたが，慣れてくると，自分たちで問題を作りたくなってくるようです。

第3章

子どもをワクワクさせる！
問題の作り方

答えを変身させる

　さぁ，いよいよ問題を作るためのポイントについてです。問題を作るためのポイントはただ一つ！！！

　それは，

答えにしたい言葉を２回変身させる

ということです。たったこれだけです。

　料理で例えると，

①まずは野菜を洗い，切る段階（素材調理）

↓

②切った野菜（具材）を炒めたり，茹でたり，調味料を加えたりする段階

↓

③料理の完成

という段階があるということです。

　素材の野菜があったとき，薄切りで切るのか，輪切りで切るのか，乱切りで切るのかと切り方にも様々な種類があります。

　調味料にしても，醤油なのか塩なのか味噌なのかなど多岐にわたっています。同じ材料を用意してもカレー粉を入れるのか，シチューのルーを入れるのかによって料理が変わり，別の料理になります。このように問題も様々な形に変身していきます。

1段階目の変身方法

1回目の変身は,答えを変身(素材調理)させます。
変身のさせ方は,次の6通りです。

①ひらがなもしくはカタカナに変身
②漢字に変身
③ローマ字に変身
④英語に変身
⑤イラストに変身
⑥言葉を分解して変身

答えによってはうまく変身できないこともあります。
何かうまくいかないときは,そもそもの答えを最初から
・ひらがな表記
・カタカナ表記
・漢字表記
・アルファベット表記
など変化させておくことを検討しても良いでしょう。
それでは,次のページよりこれらの方法について,答えが「リンゴ」だった場合を例にして考えていきます。

第3章 子どもをワクワクさせる!問題の作り方 53

① ひらがなもしくはカタカナに変身とは,

リンゴ　→　りんご

（もしりんごが答えなら, りんご　→　リンゴ）

② 漢字に変身とは,

リンゴ　→　林檎

③ ローマ字に変身とは,

リンゴ　→　ringo

（英語ではありません）

④ 英語に変身とは,

リンゴ　→　Apple

⑤ イラストに変身とは,

リンゴ　→　リンゴのイラスト

（イラストがかけないときはフリーイラストサイトの「いらすとや」の活用がオススメです）

⑥ 言葉を分解して変身とは,

リンゴ　→　リ　と　ン　と　ゴ

リン　と　ゴ

リ　と　ンゴ

（もし漢字「林檎」の場合は, 木　木　木　禽 というように分解することができます）

2段階目の変身方法

 さぁ，1回目に変身させたものをもとに，2回目の変身をさせて問題を作っていきます。1回目の変身に慣れたら，2回目の変身からスタートするのもありです。

 変身のさせ方は，次の7通りです。

A　連想するものに変身
B　分解し，入れ替える
C　順番で表す
D　表に変身
E　指示を追加する
F　ポケベル変身
G　イラストに変身

 1回目の変身のさせ方が6通り，2回目の変身のさせ方が7通り，掛け合わせることで，一つの答えから
42通りの問題作り
が，計算上はできるということになります。

 子どもが実際に問題作りをしていくときには，これぐらいシンプルな方法が良いのです。次のページからは2回目の変身のさせ方について紹介していきます。

A　連想するものに変身

　1回目の変身で「①ひらがなもしくはカタカナに変身」を使い,「りんご」とします。
　私が「りんご」から連想したものは,
・赤い果物
・生産地青森県
・「ふじ」「つがる」「王林」「ジョナゴールド」といった品種

などです。これら連想したものを使い,単純な問題を作ってみると,

赤い果物

コレは何？

先生に答えを言おう

といった問題になります。

・生産地青森県を使うと…

有名な果物は何？

青森県

長野県

岩手県

コレは何？

青森県

長野県

岩手県

第3章　子どもをワクワクさせる！問題の作り方　57

・青森県をイラストにしてみると…

有名な果物は何？

・品種を問題にすると…

コレは何？
先生に答えを言おう

・ふじ
・つがる
・王林
・ジョナゴールド

・珍しい品種にしてみると…

> # コレは何？
> # 先生に答えを言おう
> - **おいらせ**
> - **あいかの香り**
> - **美丘**
> - **アーリージョナ**
> - **スイートメロディ**
> - **森田ジョナ**

　珍しい品種にするだけで，難易度が急に上がります。グループの中で１人でも知っていることですぐに解決できるような問題は，やはり子どもたちにとっては簡単に感じてしまうようです。

　生産地の問題だと，産地の学習をする５年生の社会科の学習になります。果物や野菜を変えると，産地も変わります。こういう種類の問題を何問でも作ることができます。

　そして，青森県をイラストにした問題だと，都道府県の学習をする４年生の社会科の学習になります。都道府県のイラストを変更するだけで，同じように何問でも作ることができます。

第３章　子どもをワクワクさせる！問題の作り方　59

B　分解し，入れ替える

　1回目の変身で「⑥言葉を分解して変身」を使い，「リンゴ → リ と ン と ゴ」とします。

> コレは何？
> 先生に答えを言おう
>
> ご・り・ん

　1回目の変身で「②漢字に変身」を使い，「リンゴ → 林檎」とします。これを分解すると，木　木　木　禽。

> コレは何？
> 先生に答えを言おう
>
> 木　木　禽　木

1回目の変身で「③ローマ字に変身」を使い，「リンゴ
→　ringo」とします。

コレは何？
先生に答えを言おう

G I N R O

1回目の変身で「英語に変身」を使い，「リンゴ　→
Apple」とします。

コレは何？
先生に答えを言おう

P L A E P

ならびかえよう

上のように「ならび替える」という発想が子どもから出
てこなさそうなときは，ヒントを入れても良いでしょう。

第3章　子どもをワクワクさせる！問題の作り方　61

C　順番で表す

順番には，
・ひらがな（カタカナ）順
・アルファベット順
といったものがあります。

例えば，アルファベット順は
A, B, C, D, E, F, G, H, I, J, K, L, M,
N, O, P, Q, R, S, T, U, V, W, X, Y, Z
になるので，これだと，Aは1，Bは2…といったように
数字で表すことができます。

これを使うと，1回目の変身で「③ローマ字に変身」を
使い，「リンゴ　→　ringo」とします。

コレは何？
先生に答えを言おう

18　9　14　7　15

1回目の変身で「④英語に変身」を使い，「リンゴ　→ Apple」とします。

コレは何？
先生に答えを言おう

1　　16　　16　　12　　5

　　次のように

　　　　　　「＋」を追加

して出題しても良いでしょう。一見たし算に見えるので，子どもたちにとってより複雑な問題になることでしょう。

コレは何？
先生に答えを言おう

1 ＋16＋16＋12＋ 5

D　表に変身

ひらがな表を使って，変身させます。

わ	ら	や	ま	は	な	た	さ	か	あ
	り		み	ひ	に	ち	し	き	い
を	る	ゆ	む	ふ	ぬ	つ	す	く	う
	れ		め	へ	ね	て	せ	け	え
ん	ろ	よ	も	ほ	の	と	そ	こ	お

1回目の変身で，「①ひらがなもしくはカタカナに変身」を使い，「リンゴ → りんご」とします。この表を使います。

コレは何？
先生に答えを言おう

	①								
②								③+゛	

このようにひらがな表の該当する文字のところに番号をつけ，それ以外のところを空欄にしておきます。それだけで問題の完成です。
　では，このひらがな表を使った難問を紹介します。

（みむにぬねの）
（うえおくしすせそつ）

　ここに関するところに次の問題があります。このままでは難しいですよね。では，これではどうでしょうか。子どもに出題するときは，こちらのほうが良いかもしれません。

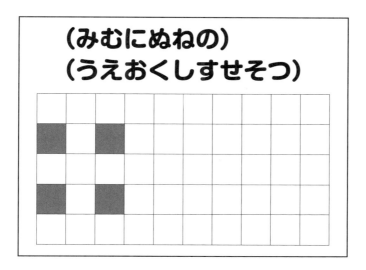

さて，みなさんどうでしょうか。

ひらがな表の（みむにぬねの）（うえおくしすせそつ）のところに色を塗ります。そうすることで，下の画像のように，「リカ」という文字が浮かび上がってきます。

つまり，「理科室に次の問題がある」ということになります。

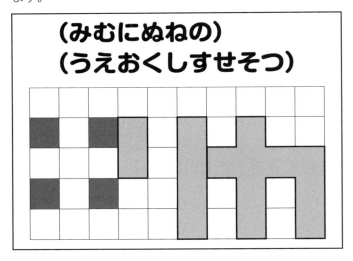

他にも，カレンダーや，携帯やスマホの文字入力の配置といったものも表として使えるでしょう。実際にスマホの文字入力配置を利用した問題を作ってみます（次ページ参照）。

あ	か	さ
た	な	は
ま	や	ら
	わ	

上の表ををもとにヒントを加えて問題を作ります。

あ	か1	さ
た	な	は
ま2	や	ら
	わ3	

　か1はか行を1回押すと「か」

　ま2はま行を2回押すと「み」

　わ3はわ行を3回押すと「ん」

　これらの文字を入れ替えると，「みかん」

になります。

第3章　子どもをワクワクさせる！問題の作り方　67

文字をなくしたこのような問題もできます。

	1	2
3		
		2

1列目はか，し
2列目はつ
3列目はり
これらの文字を入れ替えると，「りかしつ」になります。
この「C順番で表す」と「D表に変身」は似ています。
他にも，

①指の名前
　親指　人さし指　中指　薬指　小指

②曜日（漢字）
　月曜日　火曜日　水曜日　木曜日　金曜日　土曜日
　日曜日

③曜日（ひらがな）

　げつようび　かようび　すいようび
　もくようび　きんようび　どようび　にちようび

④曜日（英語）

　Monday（月曜日）　Tuesday（火曜日）
　Wednesday（水曜日）　Thursday（木曜日）
　Friday（金曜日）　Saturday（土曜日）
　Sunday（日曜日）

⑤曜日（カタカナ）

　マンデー　チューズデー　ウェンズデー
　サーズデー　フライデー　サタデー　サンデー

といった子どもたちの身近にある順番になっているものを，素材として使うことができます。

　教室配置も順番にならんでいるものになるため，使うことができます。以下のような問題を出すことができます。自分の教室から右，右，下，下の教室に次の問題があるという問題です。

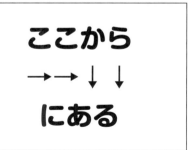

E　指示を追加する

1回目の変身で「①ひらがなもしくはカタカナに変身」を使い,「リンゴ　→　りんご」とします。

その上で,よくある指示は,

　　　　　　　たぬき

です。

このような問題です。

コレは何？
先生に答えを言おう

たりたたたたんたたたたたご

たぬきなので,「た」を抜き,ということになります。このような問題はみなさん見たことがあることでしょう。この「たぬき」のように指示を入れていきます。

たぬき以外にも以下のような指示方法があります。

お話（おはなし）　　　→　お　は無し

消しゴム（けしごむ）　→　消し　ごむ

景色（けしき）　　　　→　消し　き

毛虫（けむし）　　　　→　け　無視

毛抜（けぬき）　　　　→　け　抜き

虫籠（むしかご）　　　→　無視　かご

虫網（むしあみ）　　　→　無視　あみ

虫眼鏡（むしめがね）　→　無視　めがね

虫歯（むしば）　　　　→　無視　ば

少し「たぬき」という指示をアレンジした問題が下のような問題です。たぬきの「うら」という指示をしています。

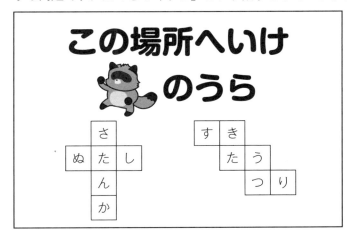

サイコロの展開図になっています。組み立てると「た」「ぬ」「き」それぞれの裏側が「し」「か」「つ」「り」→りかしつ→理科室へいけ，となります。

第3章　子どもをワクワクさせる！問題の作り方　71

ＣとＥを組み合わせて,「順番・指示を利用する」という問題の作り方もできます。

　問題の中に指示を入れます。例えば,

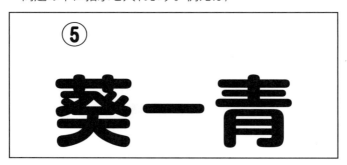

といった問題です。これは－（ひく）という指示を出しています。この問題だと,「あおい－あお」になるので, 答えは「い」になり, 文字列の５番目に「い」を当てはめることになります。

　「漢字－漢字」でもできますが,「仁－イ」といったように「漢字－カタカナ」でもこのような問題を作成することができます。簡単ですが,「漢字から部首を抜く」といった下のような問題もできます。

蕪から「草を抜く」ので「無」となります。

```
１３  ＝  あり
２１  ＝  ？
```

　このような問題の出し方もできます。本書は白黒であるため，問題がわかりづらいと思いますが，
　上の段の１は青色の文字になっています。
　上の段の３は緑色の文字になっています。
　下の段の２は赤色の文字になっています。
　下の段の１は黄色の文字になっています。
　ここまでかくともうわかったのではないでしょうか。
　そうです。答えは，「かき」になります。
　それぞれの数字は，何文字目かを表しています。
　上の段の１はあおいろの１番目の文字，つまり「あ」
　上の段の３はみどりいろの３番目の文字，つまり「り」
　このように考えると，
　下の段の２はあかいろ，つまり「か」
　下の段の１はきいろ，つまり「き」
　になるというわけです。
　このように，文字と色と数字を組み合わせ，数字で指示するような問題も作成することができます。

　　　　　　　第３章　子どもをワクワクさせる！問題の作り方　73

F　ポケベル変身

　1回目の変身で「⑥言葉を分解して変身」を使い,「リンゴ → リ と ン と ゴ」とします。
　ポケベル変身とは,2つの数字で文字を表すというものです(昔ポケベルを使われていた方はよくわかるかと思います)。
　このような問題になります。

コレは何？
先生に答えを言おう

92　　03　　2504

　次のページの表を見ながら,問題を作ってみましょう。

2 Touch	2桁目									
	1	2	3	4	5	6	7	8	9	0
1	あ	い	う	え	お	A	B	C	D	E
2	か	き	く	け	こ	F	G	H	I	J
3	さ	し	す	せ	そ	K	L	M	N	O
4	た	ち	つ	て	と	P	Q	R	S	T
5	な	に	ぬ	ね	の	U	V	W	X	Y
6	は	ひ	ふ	へ	ほ	Z	？	！	－	／
7	ま	み	む	め	も	¥	＆	●	●	●
8	や	（	ゆ	）	よ	＊	＃	空白	●	●
9	ら	り	る	れ	ろ	1	2	3	4	5
0	わ	を	ん	゛	゜	6	7	8	9	0

（左側の縦見出し：1桁目）

　最初のうちは，下の問題のように濁点や「わをん」の言葉が入らないものを作成するほうが難易度は下がります。

35　　13　　25

のところに次の問題があるよ

　これの答えは「そうこ」になります。

　「りかしつ」は92　21　32　43になります。

G イラストに変身

　まずはイラストに変身させた問題は、このような問題になります。

コレは何？
先生に答えを言おう

　この問題は、1回目の変身で「⑥言葉を分解して変身」を使い、「リンゴ　→　リン　と　ゴ」とします。
　鈴はリンと読みます。そしてゴは数字の「5」です。
上記のように考えたので、鈴を5個載せた上記のような問題を作成しました。
　イラストはフリーイラストサイトの「いらすとや」をよく活用しています。子どもたちも使いやすいようです。それ以外のイラストはあまり使用させないようにしています。

第4章

クラスが最高に盛り上がる！
脱出ゲーム

脱出ゲームの使い方

　さて，ここまで問題作りの方法を伝えてきました。4章では，実際に子どもたちと取り組んだことのある問題例を載せていきます。1ページごとに問題，そして下には答えを載せています。

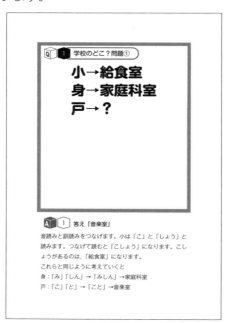

　ページごとに印刷し，答えのところを切断しておくと，すぐに脱出ゲームを行うことができます。

学校のどこ？問題①

小→給食室
身→家庭科室
戸→？

答え「音楽室」

音読みと訓読みをつなげます。小は「こ」と「しょう」と読みます。つなげて読むと「こしょう」になります。こしょうがあるのは，「給食室」になります。

これらと同じように考えていくと

身：「み」「しん」→「みしん」→家庭科室

戸：「こ」「と」→「こと」→音楽室

学校のどこ？問題②

UTARHISSKI

→ ?

A 2 答え「理科室」

文字を並べ替えると，RIKASHITSU（理科室）になります。

Q 3 学校のどこ？問題③

リンゴ＝1
トカゲ＝2
リゾット＝1
会社＝3
あか＝2
禁止＝3
あいさつ＝4

1234＝？

A 3 答え「理科室」

数字は何文字目かを表しています。りんご＝1は1文字目になるので「り」…と見ていきます。

第4章 クラスが最高に盛り上がる！脱出ゲーム 81

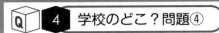

Q 4 学校のどこ？問題④

12　23

やかた

A 4 答え「体育館」

「たい」のイラスト　五十音の段と行の組み合わせで12→い，23→く　やかた→館
合わせると体育館です。

Q 5 学校のどこ？問題⑤

ここにつぎのもんだいがある

A 5 答え「体育館」

たい 行く 缶 → たいいくかん

Q | **6** 学校のどこ？問題⑥

1	2	3	3	2	1	1	2	3
彼女	→予定	→強引	→誘拐	→個室	→通報	→兵隊	→逮捕	→解決

A | **6** 答え「家庭科室へ行け」

それぞれの熟語の数字番目の文字をつなげます。

1 彼女　かのじょ　一番目の文字「か」

2 予定　よてい　　二番目の文字「て」

3 強引　ごういん　三番目の文字「い」

3 誘拐　ゆうかい　三番目の文字「か」

2 個室　こしつ　　二番目の文字「し」

1 通報　つうほう　一番目の文字「つ」

1 兵隊　へいたい　一番目の文字「へ」

2 逮捕　たいほ　　二番目の文字「い」

3 解決　かいけつ　三番目の文字「け」

つまり，「かていかしつへいけ」となります。

Q | 7 | 学校のどこ？問題⑦

例：15＝P、23＝V

16・67・19・92・49・16・1・53・117・92

※ **ヒント** 中学校　理科　記号
けんさくしてみよう

A | 7 | 答え「職員室」

原子番号を元素記号に直し，「S・Ho・K・U・In・S・
H・I・Ts・U」をローマ字読みします。

第4章　クラスが最高に盛り上がる！脱出ゲーム　85

Q 8 学校のどこ？問題⑧

※**ヒント** ローマ字打ちを思い出そう

 答え「6年1組」

ギザギザが五十音表の段，棒が行を表しています。

Q 9 学校のどこ？問題⑨

例：も＝M

とくらのなにみとくにかとな

A 9 答え「職員室」

キーボードのアルファベットと日本語の配置に対応してい
ます。

第4章　クラスが最高に盛り上がる！脱出ゲーム　87

Q 10 学校のどこ？問題⑩

−2	−1	0	+1	+2
				1
	3			
			2	
				4

A 10 答え「3年」

0は「ことし」を表しており、他のところも右図のようになります。①から順に読んでいくと「さんねん」になります。

−2	−1	0	+1	+2
お	き	こ	ら	さ
と	よ	と	い	ら
と	ね	し	ね	い
し	ん		ん	ね
				ん

学校のどこ？問題⑪

hkidisaninokaa

母は子を置いて一歩右に行ってしまった

11 答え「ひきだしの中」

母とは母音のことで，子とは子音のことです。つまり，母音が1つ右にズレているので，子音を右に1個動かします。すると，hikidasinonaka になります。

Q 12 学校のどこ？問題⑫

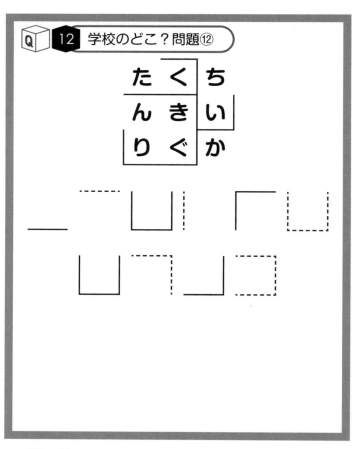

A 12 答え「体育館入り口」

　実線はひらがなの周りの枠があるところ，破線は枠がないところを表します。下にしか線がないのは「た」，上だけ空いているのは「い」…と見ていくと「たいいくかんいりぐち」です。

Q **13** 学校のどこ？問題⑬

	②	← ③
↑ ④		
		← ①

A 13 答え「理科室」

スマホのフリック入力の配置を表しています。

①は「り」 ②は「か」 ③は「し」 ④は「つ」

第4章 クラスが最高に盛り上がる！脱出ゲーム 91

Q 14 学校のどこ？問題⑭

えりおつてるばとのちほんなびち ←BACK

A 14 答え「一番の人のタブレット入れ」

ローマ字に直します。eriotuterubatonotihonnabiti
これを逆から読むように並び替えると，
itibannohitonotaburetutoire になります。

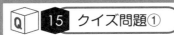

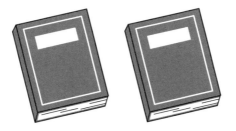

この国の名前な〜んだ？

 答え「日本」

本が2冊あるので，答えは日本。

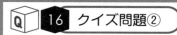

ヒントは２つのイラストと文字だよ。なーんだ？

たくたたたばたたたばたばいたばたたばたずばた

たぬき→「た」をぬき，むしば→「ば」をむしします。
「た」と「ば」を抜くと「クイズ」となります。

Q 17 クイズ問題③

何の魚が釣れた？

A 17 答え「あなご」

魚のイラストを見てみると、穴が5つ空いているので、「あなご」です。

Q 18 クイズ問題④

ほちたも
？？？？
みてつゆ

A 18 答え「抹茶」

上下であいうえお順になっています。「ほ」→「ま」→
「み」…と見ていくと,「まつちや」となります。

Q 19 クイズ問題⑤

パンを焼く星
→？？？

A 19 答え「トースター」

パンを焼くスター（星），つまりトー「スター」です。

Q 20 クイズ問題⑥

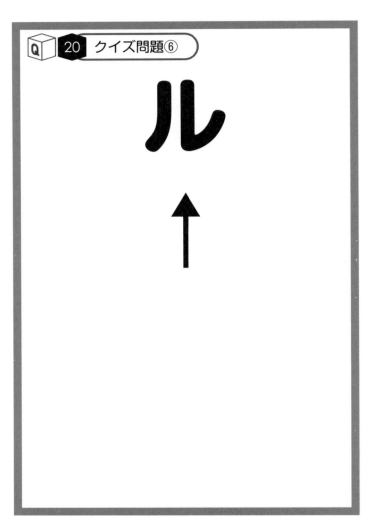

A 20 答え「アップル」

↑はアップなので「アップ」+「ル」でアップルです。

Q 21 クイズ問題⑦

犬歯→腕

闘牛→猛

羊水→命

鼠色→？

選択肢①朝　②昼　③夜

A 21 答え「②昼」

左の文字に含まれる動物の鳴き声に注目します。

犬→わん→腕　牛→もう→猛　羊→めい→命

なので，鼠→ちゅう→昼　となります。

第4章　クラスが最高に盛り上がる！脱出ゲーム　99

Q 22 クイズ問題⑧

これは何のフルーツでしょう？

頭 ＝ ▲

目 ＋ 鼻 ＋ 口 ＋ へそ ＝ ●

フルーツ　▲●　←これ

※ ヒント 数を数えます！

A 22　答え「イチゴ」

頭＝1個

目は2個＋鼻は1個＋口は1個＋へそは1個＝5個

そのため，15→「イチゴ」となります。

Q 23 クイズ問題⑨

「？」に入るのは？

じじょ＝すがた
やまかぜ＝？

答え「あらし」

次女→姿，山風→嵐　と漢字を合体させます。

第4章　クラスが最高に盛り上がる！脱出ゲーム　101

Q 24 クイズ問題⑩

天気はどっちに入る？

A
かう
たべる
ごはん
のむ
たいいくかん

B
はる
にちようび
あかるい
むかし
ほし

 24 答え「A」

Bを漢字に直すと，春，日曜日，明るい，昔，星といったように漢字の中に「日」があります。
天気の中には「日」がないので，正解はAです。

Q 25 クイズ問題⑪

2　　**3**　　**5**　　①　　②　　**21**

A 25 答え① 「8」 ② 「13」

フィボナッチ数列と言われるものです。

2+3=5, 3+5=8…というように考えていきます。

第4章　クラスが最高に盛り上がる！脱出ゲーム　103

Q 26 クイズ問題⑫

※ **ヒント** 漢字1文字です

A 26 答え「北」

本→本州，四分音符→四国，九→九州という日本地図のように配置されています。そのため，？には北海道。つまり，「北」が入ります。

Q 27 クイズ問題⑬

$$6 = 24$$

$$30 = 18$$

$$26 = 14$$

$$58 = ?$$

A 27 答え「83」

左側は和暦，右側は西暦を表しています。

令和6年＝2024

平成30年＝2018

平成26年＝2014

昭和58年＝1983

第4章　クラスが最高に盛り上がる！脱出ゲーム　105

Q 28 クイズ問題⑭

これがさいごのもんだいだ！

6 = 5
4 + 9 = 3
2 + 5 = 0

2 + 8 + 9 = ?

A 28 答え「レモン」

＝の前の数字は上の文の何番目の文字かを表しています。

6→ご→5，4→さ　9→ん　になるので4＋9はさん，

2→れ＋5→い＝れい

2→れ＋8→も＋9→ん＝レモンになります。

Q 29 クイズ問題⑮

僕の家族は３人兄弟
三男が正一。
次男が彰吾。
長男はなんという名前？

①孝一　②太郎　③庄司

A 29 答え「①」

三男　正一→しょういち→小一

次男　彰吾→しょうご→小五

といったように変換させると学年になります。

選択肢の中で学年になるのは①の孝一→こういち→高一

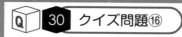

じふまえめじじ？せおので

？には何が入る？

 答え「お」

1〜12月の英語の読み方の頭文字を表しています。

例：じ→じゃにゅありー→ January

？は8月なので August →オーガスト→お

Q **31** クイズ問題⑰

？＋1＝地名
？＋2＝兄弟
？＋3＝×
？＋4＝体の一部
？＋5＝体の一部

？には何が入る？

A **31** 答え「あ」

あ＋1＝愛知　　　あ＋2＝兄

あ＋3＝特になし　あ＋4＝足　あ＋5＝あご

第4章　クラスが最高に盛り上がる！脱出ゲーム　109

Q 32 クイズ問題⑱

お×わ＝0
お×ゆ＝48
あ×う＝12
ぬ×よ＝？

？には何が入る？

A 32 答え「9」

キーボードの配置でひらがなと数字が対応しています。お
のところには6，わには0が書いてあるので6×0＝0。
同様におは6，ゆは8なので6×8＝48……と続けて，ぬ
は1，よは9になるので1×9＝9です。

110

おわりに

　本書をお読みいただきありがとうございました。

　本書の第４章の問題の一部は，実際に樋口学級で脱出ゲームを体験し，自分たちで企画・運営した子どもたちに問題を作成してもらいました。元祖の学級の井門篤紀さん，掛水愛称さんありがとう！この子たちが取り組んでいた脱出ゲームが日本全国の教室に拡がれば良いのに，そんな思いで本書の企画を立ち上げました。

　さらに，私が特別活動の授業を担当している NIJIN アカデミーの子どもたちにも協力してもらい，作成をしてもらいました。本書をちょうど執筆しているときに，能登半島地震が起きました。そこで本書は，協力してくれた元祖の学級の子どもたちへの謝礼分を除いた印税の全てを寄付し，子どもたちの笑顔が少しでもあふれるようなお手伝いができたら良いなと思い，NIJIN アカデミーの子どもたちと取り組んでいきました。

　最後になりましたが，企画をいただいたときからあたたかく見守っていただき，出版に至るまでお力添えいただきました明治図書の及川誠氏，川上萌氏には大変お世話になりました。この場を借りて心よりお礼申し上げたいと思います。本書により，みなさんの教室に子どもたちの笑顔があふれますように。

2024年９月

樋口万太郎

【著者紹介】
樋口　万太郎（ひぐち　まんたろう）
1983年大阪府生まれ。中部大学現代教育学部准教授。大阪府公立小学校，大阪教育大学附属池田小学校，京都教育大学附属桃山小学校，香里ヌヴェール学院小学校を経て，現職。「子どもに力がつくならなんでもいい！」「自分が嫌だった授業を再生産するな」「笑顔」が教育モットー。オンラインサロン「先生ハウス」主催。

クラスが最高に盛り上がる学級レク！
「脱出ゲーム」大全

2024年10月初版第1刷刊	©著　者	樋　口　万太郎
	発行者	藤　原　光　政
	発行所	明治図書出版株式会社

http://www.meijitosho.co.jp
（企画）及川　誠（校正）川上　萌
〒114-0023　東京都北区滝野川7-46-1
振替00160-5-151318　電話03(5907)6703
ご注文窓口　電話03(5907)6668

＊検印省略　　　　組版所 中　央　美　版

本書の無断コピーは，著作権・出版権にふれます。ご注意ください。

Printed in Japan　　　　　ISBN978-4-18-107022-9
もれなくクーポンがもらえる！読者アンケートはこちらから
→